The Dark Side of the Opera

(edizione italiana)

Ferdinando Manzo

Publisher: Sydney School of Arts & Humanities
15-17 Argyle Street Millers Point NSW 2000
www.ssoa.com.au
The Dark Side of the Opera
ISBN: 9780995421967 (English version)
ISBN: 9780994419903 (Italian version)
Copyright ©Ferdinando Manzo, 2017.
www.ferdinandomanzo.com
www.ferdinandomanzo.it

Cover design by Ferdinando Manzo.
Typeset in Palatino and bound by Lightning Source as a POD paperback.

National Library of Australia Cataloguing-in-Publication data:
Ferdinando, Manzo author.
Dark Side of the Opera / Ferdinando Manzo.
ISBN: 9780995421967
Poetry

A Morgana,
lato oscuro del mio sole

Introduzione

Qualcuno, parlando dell'infanzia, ricorda la festa del primo compleanno o la casa dei nonni o il compagno di giochi dell'asilo, magari la culla in cui dormiva accanto al letto di mamma e papà.

Io no. Io ricordo i caffè o, come si chiamano in Italia, i bar.

E forse, per chi come me è nato e cresciuto a cavallo dei due secoli, in quel bellissimo e controverso mondo da costumi e usanze uniche, Napoli, è anche normale.

Lì, allora e ancora ora, i Bar sono il centro della vita di una comunità. Ci si incontra al bar. Si parla al bar. Si mangia al bar. Si gioca al bar. Si vede la partita al bar. Si rimorchia al bar. Si fa politica al bar.

Nido, scuola, Agorà, circolo pensionati, casinò, bordello, market della droga... al bar si fa di tutto. E si trova di tutto. Legale o illegale che sia... al bar cambia poco.

Piccoli musei della vita quotidiana in cui una città da mostra di sé, delle sue bellezze, storia, tradizione, futuro. Vizi. Lato oscuro. Mostra quella parte più nascosta e misteriosa che trasforma un'opera in un capolavoro, dandogli un anima propria. Una vita.

È in questi palcoscenici improvvisati che si intrecciano storie e si incontrano attori inconsapevoli carichi di emozioni, passioni, dolori, speranze. Vivi e, nel bene e nel male, carichi di semplice e pura umanità.

Ecco perché, per chi come me è nato e cresciuto in questo reality improvvisato, cambiare abitudine sarebbe impossibile. Anche lontano da Napoli.

Perché in fondo alla solitudine delle library, alle stanze vuote e gli uffici silenziosi, anche per scrivere ho imparato ad amare il frastuono dei caffè, il caos dei pub.

E qui, a Sydney, ammaliante sirena sdraiata fra oceano e torri di cemento, di caffè e pub ce ne sono tanti. Tantissimi. E anche qui, questi luoghi custodiscono l'anima della city, con i suoi pregi e i suoi difetti. Con i suoi vizi.

Le poesie che compongono la 'Sydney collection', non sempre parlano dei luoghi fisici indicati nel titolo e quasi mai sono solo descrittive di caffè, pub, parchi o strade.

No. Sono, per la maggior parte, contenitori... tazze o bottiglie di emozioni vissute, scoperte, osservate, ascoltate o semplicemente immaginate in quei luoghi. E spesso anche scritte lì, fra il frastuono di vita quotidiana.

'Sydney collection' è un tentativo di omaggiare una città divenuta per me una seconda casa. Di raccontare la sua anima. La sua vita. Il suo lato oscuro.

Le poesie sono composte fra il maggio 2016 e il maggio 2017. Un anno. Mesi spesi fra amori e delusioni, paure e speranze, condivisi con vecchi e nuovi amici, costellazioni o comete di un universo in perenne movimento. Qualcuno si riconoscerà in qualche verso. Altri non ne capiranno il significato o forse neanche li leggeranno.

Ma in un modo o nell'altro, spero, troveremo insieme sempre un bar o un caffè dove incontrarci e chiacchierare.

Come di solito faccio con le due persone che più di tutte hanno condiviso con me questo anno di Sydney Collection, il Cobra, Antonio Pozzi, e Ale, Alessandro Mecalli. Entrambi fonti di ispirazione, non solo artistica, ma di vita. A loro il mio più profondo ringraziamento.

E a Donna, Ling Ng, che mette in musica i miei pensieri.

Ferdinando Manzo

Sydney Collection

Space Collection

Songs Collection

Morgana Collection

Sydney Collection
(May 2016 - May 2017)

The Bank Hotel

Lascia che il vuoto
riempia per un momento il tuo cuore
e questa notte resterà ferma nel tempo
come un temporale sospeso
fra nuvole viola cariche di pioggia
e nostalgia.

Lascia che la tristezza
si stenda come un sudario
fra il cielo e la terra
e ci avvolga in un manto di dolcezza
trasparente come la nebbia,
fragile e delicato come la brina.

Lascia che la solitudine
accarezzi i nostri corpi come un sole estivo
mitigato dalla brezza marina
e un amore sboccerà ...
fiore di loto nella palude delle paure.
Dei rimorsi. Dei giorni persi.

Valve Bar

Quella musica nei tuoi occhi
è la melodia dal flauto
di un incantatore
che immobilizza i miei pensieri.
Come un tamburo risveglia
uno sciamano smarrito
nel deserto dei desideri:
falò di passione bruciano
nei miei sguardi d'azzardo.

Dardi infiammati,
non scalfiscono il tuo sarcofago
di indecifrabile ambiguità.

Ma da un incognito profondo
la tua luce penetra
nel mio abisso inesplorato,
e come quell'esplosione racchiude
la complessità dell'universo
in un disordine di parole
che si fondono in un suono
silenzioso come un sole:
amore.

Hotel Ravesis
ceneri

È rinato
dalle ceneri di sé stesso
mente il fuoco bruciava
fra rovine di mondi antichi,
fenice di un nuovo io
in volo verso un arcobaleno ...
miraggio del domani,
abbraccio di colori
verso un infinito di passioni
che si confondono
fra uno stormo di rondini:
annuncio di primavera,
speranza d'estate,
esistenza d'inverno
fra nevi e piste
contorte come sentieri
in un bosco di pensieri
fuggiti dal rogo
di un giorno
che su un sasso è segnato
come un domani
ancora non trovato.

Big Poppa's Lounge

Tinture di rosso ...
Dipingevi il tramonto
con i colori dell'alba
spargendo petali di parole,
poi sussurri, muti
come ali di farfalla.

Pensieri riempivano l'aria
e svuotavano il locale,
per nulla affollato
nella fantasia dei desideri.

Versavi calici di passione
con movimenti sensuali
da scolorire onde dorate
di un mare estivo.

Poi il tuo respiro si fece profondo,
tanto da raggiungere la mia anima.
Caldo da dissolverla ...
come la brina
al sole del nuovo giorno.
Lacrima evanescente.

Coco Cubano

C'è un orizzonte fra cielo e mare,
il punto dove non si posso distinguere.
Ne dividere.
Dove diventano una cosa sola,
e i colori si fondono
esplodendo in migliaia
di irriconoscibili sfumature.

Pennellata di irresistibile passione.

L'orizzonte
dove idea e realtà
si incontrano.
Si uniscono e appaiono
come corpi che si amano
ansimando alla notte.
È lì
dove nasce una rivoluzione.

Central Park

Tramonto sul giardino artificiale,
dalle torri laterali
riflessi di colore,
solo ombre sul cemento
coperto da prato moquette.

Alberi impallinati,
luci che bruciano
come flebili fiammelle
costrette in un'ampolla.
Reality di vita.

Voci, stonate cornamuse
soffiate dall'euforia della festa.
Messaggi volano su chat
tiro al piattello,
indipendenza violata.

Ipersensibilità ai rumori.
Noia.
Stanchezza.
Isolamento.
Fuga.

Un pianto di rum nel bicchiere,
vagito di libertà
o rigurgito di costrizione:
fra le spine della compagnia
colgo una rosa di solitudine.

Sydney metrò

E ci ritroviamo per caso
nel vagone di questo treno
che corre verso la periferia,
lento, malandato
ad ogni fermata più vicino alla meta.
Come la nostra vita.
Tu sei seduta,
Io in piedi.
Entrambi voliamo lontano
al di là del tunnel,
china nera
su un orizzonte lontano.
Dai finestrini chiusi
non passa aria,
ma case, veloci
come gli anni
lasciati alle spalle.
Silenziose
come le ore
trascurate.
Tu preghi,
sperando in un paradiso lontano.
Io bevo,

ingurgitando sorsi di realtà.
Tu alzi gli occhi e cerchi Dio
io li abbasso e trovo la bottiglia.
La fede ci divide,
la menzogna ci accomuna.
Entrambi fuggiamo.

Brainwave Cafe
crateri nel deserto

Mille cieli si aprono
dietro lo specchio dei tuoi occhi,
orizzonti indefiniti che trovano confini
solo nel ghiaccio delle tue parole
semantica gabbia del tuo cuore,
condanna del mio amore.

E mi ritrovo nel buio
ad ascoltare demoni ubriachi
che sempre mescono
l'assenzio delle paure
e stappano bottiglie di follia.
Fuggo.

Ma nel teatro dei dannati
c'è il Cerbero degli schiavi
maschera e regista,
di un copione conosciuto.
Il suo benvenuto
diventa eterno saluto.

Non sarà il tempo,
la vicinanza
né il distacco
che scaccerà la solitudine
armata nella mia anima
e detonata dalla tua indifferenza.

Un'inquietudine
esplode dentro me
come bombe nel deserto,
lasciando crateri di vuoto
e nuvole di sabbia.
Inferno dell'esistenza.

Star Bar
L'ultima stagione

Quando nei miei occhi troverai
una lacrima di sabbia
allora forse capirai
perché ciò che cerco
non sei più tu,
né la poesia
ma solo un'altra vita
avvolta da profumo d'estate
che pizzica su labbra salate
fra onde di desideri
e voli di uccelli immaginari
che sussurrano al vento
la melodia di una stagione infinita
in cui solo la pace
governa la vita.

Knox Street Bar

Vorrei arpeggiare parole
come note
di una musica
e suonare per te
una canzone d'amore.
Ma i pensieri fuggono
incompiuti
come la loro melodia.
Come me stesso
eternamente sospeso
fra l'idea di ciò che sarei
e il dubbio di ciò che sono,
confuso dal rimorso,
imprigionato in quel buio
che chiami vita.

The Lord Gladstone
come se fossi tu ...

La incontrai
mentre cercavo te
fra i volti incorniciati
da lunghi capelli dorati
Le sue gambe danzavano
sensuali e lucide.
Il subwoofer
contraeva l'aria
con spasmi di note
tribali
ritmiche
penetranti
che rimbalzavano sul mio petto,
nei miei pensieri
come giacchio nel bicchiere.
Incrociai il suo sguardo
come fosse il tuo.
Allungai le labbra,
come se sorridessi a te.
Ballai sfiorando il suo corpo,
come se fosse il tuo.
La musica divenne ossessiva,

come il mio desiderio di te.
Baciai le sue labbra
come fossero le tue.
Il suo profumo mi inebriò
come fosse il tuo.
I nostri corpi si toccarono
poi la passione
ci bagnò di sudore
come se in quel letto ci fossi tu.
Il piacere si arrese alla stanchezza,
come se ti avessi avuto quella notte.
Mi specchia nei suoi occhi.
Quell'emozione ...
come se fossi tu.

In quel letto c'eri tu.
Anche se non eri proprio tu.
Perché in fondo tu
non sei che come tante altre.

Victoria Park

Immagino di ritrovarti,
così ...
per caso

in un momento perduto
nel tempo presente,
in una città amica,
in un sentimento lontano.
In quel parco ...

dove ti vedo
in ogni ombra riflessa
dai lampioni opachi
sulle onde del lago
martoriato dai gabbiani

dove sento
il suono dei tuoi passi
nel battito d'ali
di pipistrelli giganti
incuranti dei passanti.

dove respiro
il tuo profumo
nella brezza che fredda
si leva fra le foglie,
sussurro fioco e prolungato.

Come la vita...
persa nel tuo amore
Imprigionata nel passato.

King Street

Solo. Ramingo.
King street è la sua casa
e non l'ha mai abbandonata
come la bottiglia, unica amata,
e la strada, solitudine conquistata.

A piedi scalzi cammina
su asfalto e gente,
vesti d'Europa e profumo d'oriente:
Buddha, caffè e modernità
nei negozi e nei pub.

Dorme sul marciapiede
nella noia di artisti ribelli,
di una rivoluzione
che si pospone
alla festa del santo protettore.

Ha la barba, grigia
come gli anni passati
e la sofferenza sopportata
che gli resta aggrappata
come una fragranza di casa.

Brama solo il richiamo
che da una cicca esala
e rovista nel pattume
per un misero mozzicone.
Come faccio io con il tuo amore.

E come lui vagabondo me ne vado
elemosinando al tuo cuore
qualche altra moneta di dolore,
che la sua bottiglia non fa sparire
e la strada continua a nutrire.

Centennial Park

Suonavano note nude
scritte su spartiti di terra,
sinfonia di vita.
Pace.
Riti di libertà,
di sacra umanità.
Patrimonio disperso nel vento.

La memoria scorre
nel sangue degli eucalyptus
e si colora di viola
negli Jacaranda
piantati per ornare
grigi tappeti consumati
con stoffa di primavera.

Fiori decorano lo sconcio urbano
e il suo vuoto umano
in vicine case abbandonate
mai più rinfrescate
ma sfregiate
da scritte dimenticate,
come l'offesa coloniale.

Gli uccelli si inseguano
fra il lago e il rinsecchito ramo
mentre la falce livella l'erba.
E foglie volano via
come anime nel tempo
evocando un sogno estinto
in figure sacre dipinto.

Bion Cafe

In un momento nuvoloso
ho trovato il sole
in un pensiero
lucente e tempestoso.

Solitudine,
mantra della mia pace
Isolamento,
spazio della mia libertà

The Rose
of Pan

L'essenza del tuo odore
come cocaina
si impossessa di me.
I sensi si perdono in ombre,
un ritmo scandisce
con armonia tribale
una sinfonia ancestrale.
Fiamme lussuriose
umide bruciano la pelle.
Marchio di te.

Affamate di piacere,
imprigionate nel desiderio,
anime passate
danzano quel momento
da Pan reso eterno
con un maleficio
che oscuro m'insegue
da quella sola notte
che al Rose vorace ci prese
e appagata si arrese.

Blacksmith Hotel

Tutto è fluido stanotte
e scorre

su tavoli, sedie, bottiglie
luci e ombre
atmosfera di questo hotel.

Tutto è fluido stanotte
e scorre

nell'assolo di questa chitarra
che scatena
una jam session di umori,
improvvisi amori.
Suona per noi
ma tu non lo sai.

Tutto è fluido stanotte
e scorre

in questo locale pieno
di musica e persone
armonico lamento

nel tempo di una batteria
nella melodia di una poesia
accompagnata da una tastiera

Tutto è fluido stanotte
e scorre

in questo freddo che mi incatena
ad una visione sfumata
per un acuto mancato
appeso fra le corde di un violino
e gli scherzi del destino.
Smarrito in un bicchiere di vino.

Tutto è fluido stanotte
e scorre

tu, io...
Gelo nel gelo.
Pioggia nella pioggia.

Maloney's Hotel

Finestra francese,
oblò su un fiume di catrame
che ribolle di calore.
Esalazioni d'afa,
profumo d'asfalto:
deja vu di gioventù.
L'umidità si confonde
nel ghiaccio del bicchiere
e luccica sulla pelle
come una passione consumata.

Le mie parole volano
leggere e frizzanti,
come i ricordi nella birra.
Tu non le ascolti.
Se qui, assente.
Presente, distante.
Vicina, altrove.
Il tuo silenzio, la mia deriva
verso quella parte di me
che naufraga nel buio.

Pitt Street
il bordello

In un bordello
di pensieri sensuali e distruttivi
che si avvolgono in veli,
bruciano nell'incenso
e si confondono
nelle mille voci di me stesso,
smarrisco ogni segno passato
e seguo il corso dell'evolvere
che naturale corre
come il tempo
in un unico senso:
l'infinito. Il nulla.

Town Hall
stazione del treno

Corridoi sotterranei,
grovigli di sentieri
e pensieri,
battuti dal consumo,
dall'eccesso non dovuto.
Ore, denaro:
business.

Ascensori invecchiati
odore di muffa e sudore
si confonde nel tepore
di calore artificiale.
Vociare indipendente.
Vento di vagoni,
carri di deportazioni.

Scale,
incroci di vite indifferenti:
giacche, valigette
telefoni, auricolare
o Pokemon da scovare.
Grigia tristezza che accomuna

senza alcuna sfumatura.

Fermata Town Hall,
preludio dell'inferno.
Limbo pendolari,
anime rassegnate
adorano il totem mortale:
la quotidianità, preconfezionata normalità
chiamata libertà.

The Clock Hotel

Ti cerco con lo sguardo
fra i clienti e la cassiera
sperando di vederti comparire,
non solo come un'immagine
appuntata su un incontro lontano
e per troppo rimandato.

Il tempo passa.
Tremo.
È l'attesa.

Non so se sia più
un intenso godimento
o un moto di terrore,
ma dura attimi interminabili.
Così intensi da riempire un bicchiere
così fluidi da svuotare una bottiglia.

George Street
shopping centre

In questa putrida palude
fra i suoni assordanti e sfuggenti
della città che ti illumina con pubblicità,
ti vizia con torri di lusso
e ti illude con confezioni di negozi,
non avrai quel cerchi.

La purezza di una lacrima
è una bene troppo caro
per il supermercato
e non può essere regalato
da un dolore in cui sei annegato
o da un amore strappato.

La purezza di una lacrima
è un raggio irradiato
in un pianto isolato,
bagna gli occhi di chi nasce
o che sta per morire.
Quando non si può mentire.

CBD
Distretto Centrale del Business

Torri
come barriere all'orizzonte
che si spegne di giorno
e si accende di notte.

Torri
come giganti
ciclopi a guardia di strade
di un mare di fumo che scompare.

Torri
come enormi scatole di cartone
che isolano dal rumore
uomini che gestiscono potere senza clamore

Torri
come enormi labirinti
rinchiudono gente in corridoi di consumo
illudono con fragranze e profumo.

Torri
come manifesti futuristi

spiegati al vento dell'apparenza
senza alcuna sussistenza.

Torri
solo palazzi. Misere opere di ingegneria
di cui nessuno si curerà dopo il 2000.
Come degli uomini che ora gli danno vita.

Mr Falcon's Hotel

E nel drink
un ricordo speziato:
stella d'anice,
profumo di mio nonno
della sua brillantina,
nella cucina antica
di una casa smarrita.

Fumetti a valanga
stipati in una cassapanca:
Spiderman, Tex, Goldrake.
In radio annuncio sfocato,
reverbero ascoltato
fra corallo lavorato
e sulla collana infilato.

Pizzica come sale,
quel candore naturale,
aroma di sera:
brucia il caffè
e la nera cera,
fuma il filo
e la sigaretta accesa.

Susta appuntata
dopo una giornata passata
fra i muri di casa
e quella barba profumata.
Io, una spada in legno
e un sogno nel cassetto:
rivederti per un momento.

Missenden Road

E le sere che sento di andarmene
ripercorro questa via
e guardo il cielo.
È senza stelle.
Cerco te, me, noi,
una vita che non c'è,
la tua auto parcheggiata
qui per far benzina,
l'azzurro del tuo volto,
l'incertezza del mondo
i soli che illumineranno
nuvole dense e spesse
come smog sulle vetrine.

Insegne invecchiate
in questo opaco distributore
affresco sfocato e malinconico
in una lunga notte
che non so dove finirà
e se qualcosa carpirà
fra il buio e i fari sulla strada,
raggi nel deserto d'asfalto
che seguo come comete,

flebili e polverose.
Specchio di un'anima
che ancora spera di trovarti.

Leichhardt library

Ho studiato parole sul dizionario,
l'ho sfogliato per ore
cercando suoni ridondanti,
sequenze sconosciute e altolocate
per esprimere quel che penso.
Quel che sento,
quel che provo nel rivederti,
fosse anche solo nel pensiero.
Ho scavato fra le pagine
che racchiudono
quella serie così varia
di sensazioni uniche e profonde
capaci di far rivivere tutta una vita
in un battito di ciglia,
nel colpo prolungato e angosciante
del mio treno che deraglia
e plana sulla pancia.
Ma non ho trovato nulla.
Nulla che definisse cioè che sento:
indifferenza.
Allora ho usato le mie parole:
Addio stronza.

Darling Harbour
visione confusionaria

Vivo la vita di colui che chiami col mio nome
ma tu non capisci che non sono più io,
che qualcosa è esploso
e mi ha scaraventato via, lontano.
Anche se sono qui
qui non lo sarò mai, mai più
se non in un gioco di fantasie
che girano sulla ruota panoramica
che sovrasta i segreti inconfessabili dell'ego.

Ti parlerei. Ma ho in mente una folla di lettere
che si accalcano in insiemi di frasi:
hanno un suono,
ma non ne capisco il senso
e non so se ne abbiano uno
o se siano solo una visione confusionaria,
un delirante sentimento
come il mio amore per te
o l'odio per me stesso.

Camperdown Memorial Park

In questo parco,
oasi verde
di arte improvvisata
fra il gotico campanile
e un recinto di murales,
il cielo si staglia solenne,
solida cupola affrescata
da nuvole variopinte.
La sagome della città,
lontana ma presente
come la notte che verrà.

Un uccello fugge l'ora dei pipistrelli
al di là degli alberi, verso l'infinito
e con lui va il mio pensiero.
Smarrito nel suo volo comprendo
che se esistesse un'eternità
per la mia condizione di uomo,
per il mio contemplare
di essere umano,
sono certo che la troverei...
sempre lì,
nel fondo dei tuoi occhi.

Well.co
crepuscolo

Il cielo si tinge
delle sfumature
di un pensiero
spietato e razionale
come la ghigliottina borghese
oscuro ed eterno
come il rogo dell'Inquisizione
arrogante e avido
come il Capitale.

E traveste,
con maschere di colore,
privilegio in diritto
schiavitù in libertà
impero in democrazia,
reprimendo tonalità
di un amore
profondo e passionale
come un'insurrezione popolare.

Mary's
il regno di Dio

Ho visto Dio
era nei tuoi occhi
e si specchiava vanitoso.

Ho ascoltato Dio
era sulle tue labbra
cantava parole sensuali.

Ho toccato Dio
era sul tuo seno
ne scolpiva le forme con presunzione.

Ho invidiato Dio
eri tu il suo creato
e si vantava della suo operato.

Ho incontrato Dio
era fermo su un trono, ammaliato
guardava te, il suo regno incantato.

Ho consolato Dio
era annientato,

in te vedeva Dio.
Il suo creato.

Erskine Villa
notte d'inverno

In questa notte di un inverno prepotente
che sputa gelo su una stagione non vissuta
e spazza avanzi dai tavolini esterni,
sola prova dell'estate,
il mondo si apre da una finestra
che affaccia sulla strada semi deserta.

Guardo un lampione e non capisco
se quella trasparenza velata e sottile
che intravedo come un'ombra
fra la luce e la notte
sia la pioggia che bagna il presente
o una ragnatela che intrappola il domani.

Broadway
fermata del bus

Sono stato tante cose,
non solo per te
anche per me.
Cose giuste,
sbagliate,
vissute,
sparite
come i giorni amati
o quelli ceduti.
Solo lontano eco
nella pioggia torrenziale
che picchia con forza
sulla fermata
del mio prossimo bus.

Night Noodles Markets

I tuoi occhi,
pendolo della mia trance.
Sguardo su un mondo di visioni
aleggianti come fumo sulla ciminiera
di una fabbrica di periferia,
tetro contorno di campi in rovina
senza più vita.

Corvi picchiano il becco
sulle transenne del parco.
Ibis ingordi saltano su cestini
cercando cibo fra rifiuti.
Magpie, finti indifferenti,
vanno a caccia di resti
Venti di voci annichiliscono il silenzio.

Sera di primavera.
Tu, vento di inverno,
respiri e soffi gelo
su sentimenti traditi
mentre intorno spezie bruciano
su piatti cocenti
arroventando l'aria.

Pensieri di peccati eterni.
Io galeotto
in gironi infernali
per pene captali
che tu sentenzi
mentre ti abbandoni
in un sospiro stretto fra i denti.

La bottiglia adagiata sul prato
versa gocce di vino usato,
lacrime di gioia comprata.
Muoio
nel tormento del sorriso negato.
Tuo tesoro, bagliore sterminato,
vortice di realtà in un mondo immaginario.

Sydney Park

Non sarà l'odore
dello jacaranda in fiore
a dissipare il profumo di te
in una notte d'estate.

Cadremo insieme,
come pioggia
che si confonde
sulla pelle umida.

Tu, desiderio e peccato,
tormento mai placato
croce della solitudine,
calvario dell'esistenza.

Broadway

Come ombre cinesi,
le mie paure si specchiano
sul marciapiede bagnato,
deserto attraversato
da fari intermittenti.

Dispersi nella polvere,
ricordi viventi
fluttuano
come granelli di vita
sui lamenti del vento.

Luci danzanti si riflettono
nelle mie ossessioni,
cupe e presenti
nella voce lontana di lei
o nell'ansimo di un'altra.

Manly Beach

Potrei dirti
in questo deserto che fa da letto ai gabbiani,
parole fragili come castelli di sabbia.

Potrei dirti
in questo freddo che soffia sulle onde,
parole profonde come il mare.

Potrei dirti
in questo sussurro che si insinua fra le nuvole,
parole sottili come pioggia.

Potrei dirti
in questo silenzio che luccica alla luna,
parole gonfie di sale.

Potrei dirti
in questa luce tenue che separa mare e cielo,
parole lontane come stelle.

Potrei dirti
in questa notte che veste tutto di nero,
parole sorde come 'Addio'.

Port Macquarie

Su questa roccia isolata
fra gente indaffarata
mi fermo e ascolto
le mille voci del mare.
La spiaggia si colora di creste bianche,
spennellate di schiuma
nel riflusso dei miei pensieri.
Pesco fantasie
fra vortici di desideri
lanciati in mare come pietre,
con la forza della rabbia
e la debolezza del sogno
che si infrange sugli scogli
e si dissolve fra le onde.

Come cerchi sull'acqua.

The space collection

Tempo nello Spazio

Nell'infinito dei miei pensieri
lo spazio vaga
fra il vuoto e l'intuizione
fra l'emozione e il desiderio
fra la paura e la speranza
fra il passato e il futuro.
Sorvolando
il battito prezioso
di questo attimo fuggente,
inafferrabile tesoro,
già nato come ricordo
del tempo dimenticato.

HD 131399 Ab
il nuovo pianeta

Sogno

Quel cielo

eternamente cangiante
dove soli e lune si alternano
senza metronomo o spartito,
improvvisando armonie di colori
fra l'alba e la notte,
il tramonto e il giorno.

Quelle nuvole

intense come una tavolozza
in cui il pennello del tempo s'intinge
e insensato ridipinge,
con la leggerezza della follia
e la profondità dell'inconsistenza,
il calendario dell'esistenza.

Quel mondo

dove Kronos dà sfogo
alla sua passione puerile
mandando alla malora
ogni nota osservazione,
ogni stabilita convenzione,
ogni limitata annotazione.

Quello spazio

così distante e profondo
così scuro e luminoso
da poter scrutare
non un sole, non una luna solitaria.
Ma più soli, molte lune.
Più volti dell'Universo.

Me stesso.

Alieno.

L'undicesima dimensione

Fra la luce della materia
e l'oscurità dell'antimateria
solitaria e intangibile
fluttuante nell'aria, vive
quell'invisibile dimensione,
impercettibile all'occhio
inconsistente al tanto
anonima all'olfatto
muta all'udito.

L'undicesima, in teoria
preclusa alla prova della scienza,
cacciatrice di gravità
porta fra mondi gemelli.
Realtà parallele,
differenti ma uguali,
di uomini mortali
incatenati
nella prigione del karma.

Incoscienza

In attimi di incoscienza ascolto me stesso,
guardando fra le stelle pulsanti
cercando qualcosa che si muove in quel cosmo immobile
sospeso in una cupola chiusa dallo sguardo.

In attimi di incoscienza ascolto me stesso,
fissando quel buio macchiato di astri solitari
lucenti nel loro riposo perpetuo,
vite passate che interpretano il futuro.

In attimi di incoscienza ascolto me stesso,
spiando fra lo zodiaco velato di mistero
nelle case di segni tra il Carro e la Croce,
effemeridi di comete andate.

In attimi di incoscienza ascolto me stesso,
perdendomi nel silenzio, nell'illimitato, nel sogno.
Nella vita.
Poi, il silenzio...

Big Bang

Ha il tuo nome
il mio big bang,
quell'esplosione
violenta e distruttiva
che dall'ordine
porta al disordine
creando
non una galassia
ma milioni di galassie.
Non una vita
ma milioni di vite.
Differenti,
opposte
lontane,
a volte ignote.
Come quelle vite
che mi hai lasciato
fra sbuffi di polvere di stelle
e gas mortali:
anima del quotidiano.
E in questo infinito,
insiemi di luce e buio
racchiusi in un solo universo,

non sfuggo
alla legge delle cose:
il caos.

La danza della morte

Vorrei attraversare un tunnel di Tarlo
e in un ignoto punto dello spazio,
ammirare l'eleganza fatale
di famelici buchi neri
danzare leggiadri il canto del cigno
su un lago di stelle.

Vorrei vederli sfiorarsi,
accoppiarsi,
divorarsi,
possedersi
con una passione cannibale
che espelle
in una galassia lontana
il simile che accanto gravita.

Vorrei ascoltare il loro ansimo soave
la sensualità d'un ballo d'amore
che li avvolge
nel manto della notte
per l'ultimo bacio,
quello della morte.

Songs Collection

La signora oscura
(dedicata a ...)

Sei tu
quella poesia
che non ho mai scritto
né letto, né fumato.

Sei tu
quella luce
che si colora in un caleidoscopio
e si cristallizza in un diamante.

Sei tu
quella sfumatura
che si confonde nel tramonto
e ridipinge il mare con tinte violacee.

Sei tu
quella tempesta
fulminea e mortale che brucia la terra
e vola via spazzando l'orizzonte.

Sei tu
l'odore della notte
che arriva alla fine del giorno
svelando la futilità del sogno.

Fra le lenzuola del cielo

Ti vedo
sdraiata fra le lenzuola del cielo
e mi fai volare

nella sensualità di fiaccole gotiche
che danzano nel buio
e riflettono il tuo corpo
su mattoni umidi e scivolosi
come la tua pelle.

Ti vedo
sdraiata fra le lenzuola del cielo
e mi fai volare

Gioco di ombre
e febbrili passioni
Tintinnio di campanelli
una musica suona
senza strumenti.

Ti vedo
sdraiata fra le lenzuola del cielo
e mi fai volare

la tua voce si assottiglia
per un solo momento
in un sibilo di vento.
Sorgente appena nata
in una goccia di rugiada.

Ti vedo
sdraiata fra le lenzuola del cielo
e mi fai precipitare.

The Confest
(*canzone per K*)

Attraverso il nulla
la strada veloce corre
fra polvere e carcasse.

Mentre nel fiume,
specchio salmastro,
il sole cala senza rimpianto,
un Didgeridoo,
soffia sulla riva
il sabbath della sera.

Luna rossa,
gemma di quasi inverno
bagliore di costellazioni,
nastro d'argento nel deserto.
Fumi, bottiglie, tamburi,
danza di streghe.

Tu, fiamma inattesa
come il firmamento bruci
fra la sabbia della realtà
e i fiori del desiderio

in un campo sospeso,
al di là tempo.

Tu, nuvola di passione,
pioggia di sudore,
brina del mattino,
docile sorriso,
carezza del vento.
Stella di un solo momento.

Attraverso il nulla
la strada veloce corre
fra polvere e carcasse.

Desaparecidos

Desaparecidos

Le lacrime di un bambino
fuggite via per paura delle bombe
scappate lontano
in un occidente sognato.

Desaparecidos

Il sonno di un bambino
perso fra le deflagrazioni di bombe
che squarciano la notte
con luci taglianti dei potenti

Desaparecidos

I sogni di un bambino
cullati dalla ninna nanna di pallottole
esplose come note
sospese fra follia e tirannia

Desaparecidos

Le speranze di un bambino
abituato a guardare la morte
negli occhi della notte
in un mondo di macerie insanguinate

Desaparecidos

L'infanzia di un bambino
violata dalla barbarie
dalla distruzione
dalla indifferenza del dolore

Desaparecidos

La libertà di un bambino
che si disperde nel rombo di un volo
assordante e assassino
di un aereo che chiamerà destino

Desaparecidos

L'anima dell'occidente
e quella di qualsiasi Dio
che non lo difende.
Né lo protege.

Fiamme nella notte

Divamperà un incendio
stanotte
fiamme danzeranno
accarezzando le ombre
sulla strada,
nascosta alla città,
avvolta in una coperta di silenzio
ricamata di sogni.
Nel torpore dell'oscurità.

Divamperà un incendio
stanotte
lingue di fuoco bruceranno
l'aria,
fumi scuri esaleranno
e saliranno al cielo
come turbini di incubi
rinnegati dall'inferno.
L'acre odore del quotidiano.

Divamperà un incendio
stanotte
si alimenterà mordendo

con denti di vampiro
l'essenza del reale.
Distruggerà il presente
per noia, per disaggio
o per oppressione.
Desiderio di rivolta.

Divamperà un incendio
stanotte
forse perché a volte, a notte,
sono demoni incatenati
a condurre quel ballo
che non avrà più alba.
O si spegnerà
nei lampioni della strada.
In attesa del domani.

Morgana Collection

1

Morgana, amore mio ...

poche parola
versate giù al bar
come vino nel bicchiere
in una serata di ricordi,
di malinconie,
di estati volate
e primavera passate.

... questo è ciò che resta di noi

2

Oh Morgana,
un giorno
forse realizzerai,
come ho fatto io,
che hai gettato
anni e sorrisi,
soldi che non ritorneranno,
cercando amore
come un sognatore deluso
in un bordello di provincia.

3

Lascia che sia il vento
a cantare litanie
su illusioni bruciate
come cadaveri
sul fiume,
mia oscura signora
Morgana.
E danzeremo insieme
come cenere del Gange.

4

Non sarà il mantello della notte
ad accogliere il tuo corpo
fra le ombre del domani,
mia Morgana,
ma una coperta
intrecciata di petali di lacrime,
versate da quanti
credettero di averti.
Senza sapere
che quel che strinsero,
anche solo per un momento,
non fu amore
ma una condanna
ad un infinito dolore.

5

Sparerei
al vento
brandelli dei miei ricordi
e delle mie parole
se solo questo
bastasse a cancellare
quell'unica,
ossessiva visione
che sempre mi parla di te,
Morgana.

6

Non c'è maleficio
che impedirà al tuo viso
di riflettersi nello specchio
del tempo,
cara Morgana,
perché non altro destino,
se non terra
e oscuro oblio,
è riservato a chi
cammina solo,
con anima di disincanto.
E a chi vive
senza tormento,
la menzogna
di un amore eterno.

7

Non nella luce,
non nell'oscurità,
solo in un momento
a entrambi rubato,
sorge l'alba della vita,
Morgana.
Ma tu,
signora dell'oblio,
aspetti il nuovo sole
fra le ali
gelate della notte
venerando te stessa,
eterna fonte.
E io ti contemplo
dal cerchio satanico
della solitudine.

8

Nessuna altra che te

materia oscura
muta, impercettibile
che domina l'universo
impedendo alle galassie
delle mie follie
di allontanarsi verso il nulla.

nessuna altra che te

energia invisibile
che non si può osservare
né contrastare.
Segreto racchiuso
fra firmamenti
di ossessioni e passioni

nessuna altra che te

vorace buco nero
di emozioni e sentimenti,
oscuro infinito

distorsione spazio-tempo
che non vede luce
che non conosce amore

nessun altra che te ...
Morgana.

9

Camminiamo insieme
su questo breve sentiero
come mare e cielo.
E inganno e magia
alba e tramonto
si dissolveranno,
negli inesplorati templi
dell'infinita gioventù.

Oh Morgana,
acqua sulla roccia
sia la tua indifferenza,
non il tempo.
O il domani farà di me
solo un'anonima croce
nel cimitero
degli amori mancati.

.

10

Tu, straniera nella notte
opalescente Morgana ...
ti osservo danzare
su ricordi lontani,
armonia malinconica
di una musica dimenticata.

Ascolta
suona ancora
in sottofondo.
Non è per me,
non è per te
ma per quella paura
che l'età ci porta,
indesiderata dote.

E noi ottusi,
tremanti
finiamo per chiamarla amore
come un cane
abbandonato per strada
desideroso di un padrone.

11

... nonostante tutto,
Oh Morgana,
amore mio,
sull'oscuro orizzonte
delle stelle smarrite
tu ancora appari
come l'aurora
del mio mattino.

Biografia

Ferdinando Manzo è un giornalista professionista nato a Torre del Greco, in provincia di Napoli, e cresciuto a Vico Equense, in penisola sorrentina.

Dopo aver lavorato per quindici anni come redattore di un noto quotidiano Campano, Ferdinando Manzo si è trasferito a Sydney, Australia, dove ancora oggi vive e lavora come gionalista freelancer e scrittore.

Il suo primo romanzo, *'L'uomo che salvo il mondo'* è pubblicato in Italia da Lettere Animate editore. *'Arco, la leggenda del vortices blue'* e la raccolta di poesie *'Strada di note per la vita'* sono, invece, pubblicati dall'editore australiano Sydney School of Arts & Humanities e distribuiti, nella versione inglese e italiana, a livello globale.

From the same author

L'uomo che salvò il mondo
(The man who saved the world)

L'uomo che salvò il mondo (The man who saved the world) is published in Italy by Lettere Animate editore. In his first novel, Ferdinando Manzo tells a post-apocalyptic story which takes place in a new world where survivors live divided between three cities: white, black and yellow, according to their race. The main character leaves his city with a mission to save the world. So begins an odyssey in which different destinies are woven together. There are stories of unhappiness and loneliness, with some twists. A sci-fi thriller outlining the final days of humanity.

Category: FICTION Thriller / sci-fi / Post-apocalyptic

ARCO:
the legend
of the blue vortex

An exciting new story from first-time novelist, **Ferdinando Manzo**, ARCO explores man's battle with the sea in an attempt to seek solace.

The story is set in two different eras: on the high seas among ancient pirates and in contemporary Europe ravaged by war. The legend of the blue vortex – a door into another world – is the central focus of both periods.

An adventure story, it also raises philosophical questions about love and the purpose of life.

Category: FICTION MAGICAL REALISM/ROMANCE/FANTASY

Night Road to Life

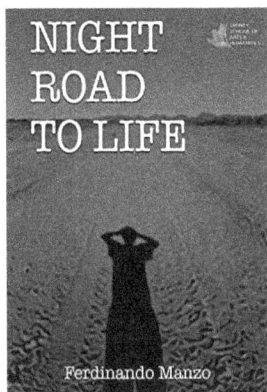

Themes of the sea and the emotions, particularly the deeply felt joys and melancholies experienced by men, are a touchstone of NIGHT ROAD TO LIFE.

Ferdinando Manzo's thoughts are not bound to fluidity; they fly to the greatest heights of exhilaration in poems such as, *The sky above us*, which displays 'a mantle of stars that burns in my heart' and in the evocative lines of *Eclipse*: 'the moon rose, bright between the eyelids of the night'. Even the constellation Andromeda is given due recognition, breaking her chains and ready for revenge, before another poem *The voice of the universe* explores 'a hidden legend as far away as waves in outer space'.

A distinctive quality of this collection of poems is its musicality – the sounds of words carefully chosen, and their rhythms. The pleasing effect of the sensuality of sounds, ranging from gentleness to the drama of sex, is in tune with the gamut of human emotion.

Category: POEMS

From the same publisher

An extraordinary relationship

Early in Leo Ryan's career as a counsellor he became aware of the number of female clients being abused by their husbands/partners/boyfriends and was determined to help. This book highlights his conclusions, making it possible for most people to bring on the changes needed have a great relationship.

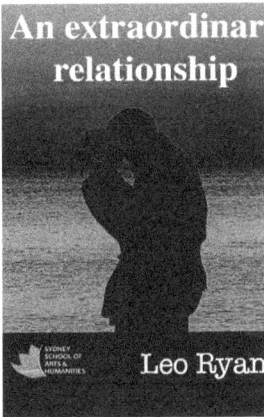

Category: NON-FICTION – HOW-TO BOOK – RELATIONSHIPS

Angela's Anorexia
the story of my mother

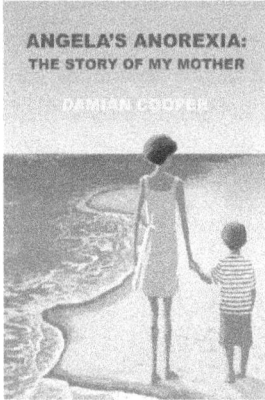

A son's story of the debilitating illness, anorexia nervosa, that his single mother suffered from throughout his childhood. The mother and son formed a close bond and the boy's description of their life together is filled with both joy and sadness.

Damian Cooper has written a straightforward, honest and loving account of his boyhood, set against a poignant parallel story of his mother's excessive focus on body image, food, diet and exercise.

Told from a boy's point of view – Damian's freedom and developing sense of responsibility come to the fore as his mother's illness worsens. She dies of the eating disorder anorexia when he is just 18 years old.

Set in Australia and New Zealand, Damian Cooper's memoir is a true account of the early years of his life without reference to the medical terms of the eating disorder psychopathology. His story is told simply so that it is accessible to the average reader. All dates, place names and events in this memoir are factual. However, in accordance with the wishes of certain participants, many names have been changed in order to protect their privacy.

Category: MEMOIR

Burma My Mother
And Why I Had To Leave

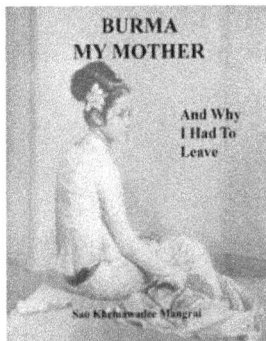

Myanmar's future is informed by its past — and BURMA MY MOTHER tells it like it is.

A valuable story of living through good times and plenty of bad in Burma, now known as Myanmar, before an escape to a new life of freedom.

Author **Sao Khemawadee Mangrai**'s husband, Hom, was imprisoned for 5 years, and his father was shot and killed sitting alongside independence leader, General Aung San, when he was assassinated.

Khemawadee grew up in a Shan state in the north-east of Myanmar, previously known as Burma, and now lives in Sydney. Her sad memories are also infused by the beauty of the country and the grace of Myanmar's Buddhist culture.

Category: MEMOIR

Drenched
by the Sun

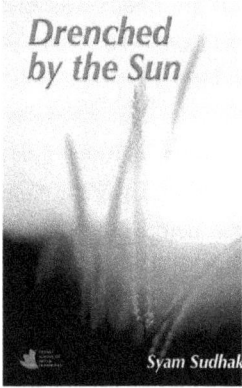

**I, who prophesy
by reading the stars and the wind,
now think of that country ...**

Syam Sudhakar 'has an eye for the strange
and the uncanny and a way of building trans-
lucent metaphors,' according to leading South
Indian poet, K. Satchidanandan.

An award-winning Indian poet who writes in
English and Malayalam, Sudhakar is based in
Kerala, teaching and researching Indian po-
etry.

Category: POEMS

Reported Missing

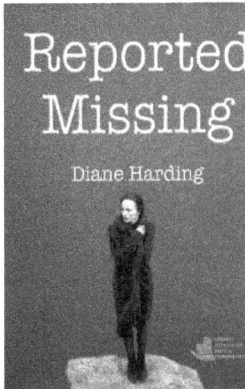

Di Harding's novel is set in a very contemporary Sydney, taking in multi-layered sights and sounds, from the northern beaches to performances at the Sydney Opera House.

The plot spans the complications of what a woman must consider if she is to save her children from domestic violence. And the main character has good reason to hold fears for her life.

What would you do if your daughter was missing and you thought your son-in-law was somehow involved? Is there someone who could help you, or would you take matters into your own hands?

She does, and so the terror begins – from vile and personal harassment to life threatening acts, until she is ready to commit murder.

Category: DOMESTIC VIOLENCE
CRIME FICTION/SYDNEY NOVEL
AUSTRALIAN FICTION

Road
to Mandalay
Less Travelled

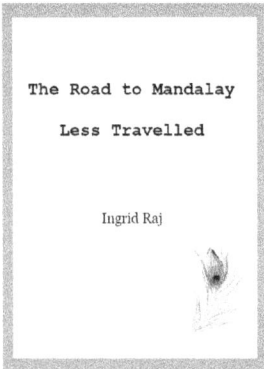

The Road to Mandalay

Less Travelled

Ingrid Raj

'The Road to Mandalay Less Travelled' by **Ingrid Raj** provides research on a selection of Anglo-Burmese writing published from the period of British rule in Burma up until 2007.

What Raj shares with us in this study is the knowledge she gained about the value of social resistance achieved through writing. Both fiction and non-fiction texts are included in arguing a case that these might be viewed as tools of often ambivalent resistance against oppressive regimes, both local and colonial.

We hope that specialist researchers as well as members of the general reading public take this opportunity to learn more about the culture of the people of Myanmar through their unique approach to storytelling, based largely on their religious understanding, their rich store of folk legend and their chequered history.

Category: MEMOIR/LITERATURE/BURMA-HISTORY

Road to Rishi Konda

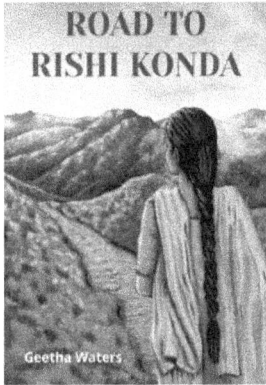

'ROAD TO RISHI KONDA' by **Geetha Waters** is a memoir of insight and charm, with a serious educational purpose. The author recalls delightful and stimulating stories from her childhood to throw light on the work of the philosopher J. Krishnamurti as a revolutionary 20th century educator. At once fascinating and enchanting, Geetha Waters' stories centre on a girl growing up in Kerala and Andhra Pradesh in the '60s and '70s.

These youthful tales are underpinned by Geetha's deep understanding of childhood education, based both on her academic studies and in practice in her daily life as a mother and childcare professional.

Written from a child's perspective, the tales of awakening to life offer the reader an opportunity to appreciate how all children learn, as they draw on a deep well of curiosity that needs to be respected.

Category: BIOGRAPHY & AUTOBIOGRAPHY
           PERSONAL MEMOIR/EDUCATORS

Stranger

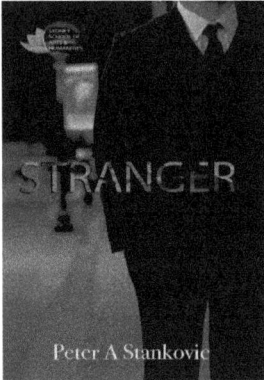

Political journalist Nick Hunter suddenly loses his memory. He can't find his wallet, his computer password or even his name. When it comes to women it's even more confusing. Does he have a lover or a wife? It doesn't get any easier when he realises his life is in danger as he's been researching a story on corruption at the highest level of political life. Things get even stickier once Nick has a 6-shooter out of his safety deposit box and in his hand, ready to fire in his own defence.

Set in the northern and eastern suburbs of Sydney where coffee and sex are almost too freely available, this story will sharpen your senses and set your crime thriller compass on true course.

Category: FICTION/CRIME FICTION

What's in a Name?
20 People - 20 Stories

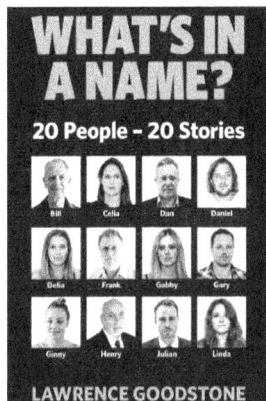

This collection of short stories will appeal to readers who are attracted to snapshots of the human condition. While set in Australia, the stories reflect universal themes. They range over a number of genres from crime to science fiction, from human weakness to human strength, and capture pockets of life with uncanny accuracy and sensitivity.

The author, Lawrence Goodstone, is a retired public servant who spent his professional life writing for others. With a background ranging from teaching to immigrant services as well as assisting in the delivery of the 2000 Olympic Games in Sydney, he is now in a position to write for himself and create stories from a life well lived.

Category: FICTION/SHORT STORY/SYDNEY STORIES
FICTION/AUSTRALIAN FICTION

Jiddu Krishnamurti World Philosopher
Revised Edition

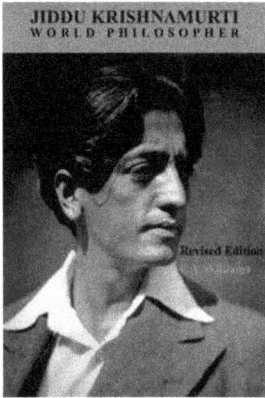

The life of the 20th-century philosopher Jiddu Krishnamurti was truly astonishing. As this new updated edition shows, people from all over the world would gather to hear him speak the wisdom of the ages.

Biographer **Christine (CV) Williams** carried out research over a period of four years to write this ebook account of Krishnamurti's life. She studied his major archive of personal correspondence and talks, and interviewed people who knew him intimately.

Krishna was born into poverty in a South Indian village, before being adopted by a wealthy English public figure, Annie Besant. As an adult he settled in California, travelling to India and England every year to give public lectures that inspired spiritual seekers beyond any single religion.

Category: BIOGRAPHY

.

www.ingramcontent.com/pod-product-compliance
Lightning Source LLC
Chambersburg PA
CBHW021237090426
42740CB00006B/576